With Love,
장영희

다시, 봄

다시, 봄

장영희 쓰고 김점선 그림

샘터

당신과 함께라면
나는 언제나 봄날입니다.

추천의 글

책 속에서
피어나는 그리움

장영희 교수의 편지와 김점선 화가의 그림이 걸려 있는 나의 글방을 방문한 이들은 저마다 한마디씩 한답니다.

"두 분이 친했지요?"

"좀 더 살아야 했던 분들인데……."

이토록 아름다운 책에서 두 분을 다시 만나다니…… 이제는 더 이상 육신으로 만날 수 없음에 슬프면서도 행복해지는군요.

2008년 7월 16일 저녁, 우리 셋이 만나기로 약속했는데 갑자기 내가 수술을 받게 되어 만남을 미루게 되었지요. 2009년, 내가 항암 방사선 치료를 다 마치고 나서야 약속 시간을 다시 조

율할 수 있었습니다. 그런데 미처 뜻을 이루지도 못한 채 3월과 5월에 두 분이 차례로 세상을 떠나고 말았지요. 그때의 슬픔은 말로 표현할 길이 없었답니다.

며칠 전 부산에서 아주 오랜만에 영희의 동생 순복을 만나니 더욱 이런저런 옛 생각이 많이 떠올랐습니다. 그리움도 곱절로 피어나 보고 싶네요. 두 분 모두!

5주기를 맞아 펴낸 이 책에 소개되고 있는 장영희 교수의 영미시 해설은 그냥 한 번 읽어 보는 것만으로도 공부가 되는 기쁨을 줍니다.

1월에서 12월까지 계절에 어울리는 다양한 시들을 소리 내어 읽노라니 금방이라도 밝고 유쾌한 영희의 웃음소리가 들려오는 것 같아 미소 짓게 됩니다.

책 사이사이 글과 함께 어우러져 있는 김점선 화가의 그림은 또 얼마나 밝고 멋진지요!

이 책은 장영희와 김점선이 하늘나라에서 우리에게 함께 보내는 봄 편지, 희망과 위로의 러브레터입니다.
　소중한 모임, 특별한 기념일, 지인들의 생일을 축하하는 편지나 카드에도 인용하면 좋을 이 책을 1년 내내 가까이 두고 사랑하는 독자들이 더 많아질 것을 기대해 봅니다.

2014년 어느 봄날에
이해인(수녀, 시인)

차례

추천의 글
책 속에서 피어나는 그리움 _이해인 · 6

January

사랑과 행복의 종 울려라
우렁찬 종소리여 울려 퍼져라 **앨프리드 테니슨** · 16

복 받을 준비 되어 있나요?
새해 생각 **램 P. 바르마** · 20

February

봄을 기다리는 애틋한 저녁
2월의 황혼 **새러 티즈데일** · 26

운명에 맞서 보라
서풍에 부치는 노래 **퍼시 비시 셸리** · 30

삶을 채우는 건 작은 아름다움
삶은 작은 것들로 이루어졌네 **메리 R. 하트먼** · 34

March

3월님, 잘 지내셨나요
3월 **에밀리 디킨슨** · 40

이제 두 팔 벌려 너를 맞으리
봄 노래 **로버트 브라우닝** · 44

행운보다 소중한 행복
네 잎 클로버 **엘라 히긴슨** · 50

April

웃고도 싶고 울고도 싶은 4월
4월에 **앤젤리나 웰드 그림크** · 56

꽃 피는 봄을 영원히 볼 수 있다면
나무 중 제일 예쁜 나무, 벚나무 **A. E. 하우스먼** · 60

May

청순한 푸름의 계절, 5월
5월은…… **모드 M. 그랜트** · 66

빗물을 금빛으로 물들이는 데이지꽃처럼
연금술 **새러 티즈데일** · 70

June

청춘을 닮은 싱그러운 계절
인생은 아름다워라! 6월이 오면 **로버트 S. 브리지스** · 78

사랑이 무어냐고 물으신다면
새빨간 장미 **로버트 번스** · 84

얼마나 오랜 세월을 견뎌야
바람 속에 답이 있다 **밥 딜런** · 88

July

네 가슴 숨은 상처 보듬을 수 있다면
만약 내가…… 에밀리 디킨슨 · 94

그대 만난 뒤 내 삶은 눈떴네
생일 크리스티나 로세티 · 98

August

계절은 이렇게 깊어 가는데
찻집 에즈라 파운드 · 106

삶이 늘 즐겁기만 하다면
하늘에 온통 햇빛만 가득하다면 **헨리 밴 다이크** · 110

September

오늘은 나머지 삶의 첫날
자작나무 로버트 프로스트 · 116

성숙한 사랑의 모습이란
사랑에 관한 시 **로버트 블라이** · 120

돌아오지 않을, 가버린 날들의 행복
부서져라, 부서져라, 부서져라 **앨프리드 테니슨** · 124

October

움켜쥐어도 결국은 흘러갈 것을
10월 **토머스 베일리 올드리치** · 132

삶에는 수백 갈래 길이 있지만
가지 못한 길 **로버트 프로스트** · 136

November

가을 잎새에 눈물 떨어지듯
낙엽은 떨어지고 **윌리엄 버틀러 예이츠** · 142

아름답게 늙는다는 것
아름답게 나이 들게 하소서 **칼 윌슨 베이커** · 146

December

옳은 것 옳게 하는 당신
크리스마스 종소리 **헨리 워즈워스 롱펠로** · 154

하얀 눈덩이, 알고 보니 오줌싸개
눈덩이 **셸 실버스타인** · 158

겨울같이 차가운 세상을 살더라도
눈사람 **월러스 스티븐스** · 162

또 하나의 선물
시가 지친 마음 쉬게 할 수 있다면 · 166

1월
January

1월 1일과 12월 31일은
하나도 다를 게 없는 똑같은 하루지만,
그래도 1월 1일이 되면
이제까지의 불운과 실수, 슬픔을
다 떨쳐 버릴 수 있는 권리를 부여받습니다.
새로운 시작에 가슴이 설렙니다.

사랑과 행복의 종 울려라

Ring Out, Wild Bells

Alfred Tennyson

Ring out, wild bells, to the wild sky,
The flying cloud, the frosty light;
The year is dying in the night;
Ring out, wild bells, and let him die.
Ring out the old, ring in the new, (……)
Ring out the false, ring in the true. (……)
Ring out the feud of rich and poor,
Ring in redress to all mankind.
Ring out a slowly dying cause,
And ancient forms of party strife; (……)
Ring out the want, the care, the sin,
The faithless coldness of the times; (……)
Ring in the love of truth and right,
Ring in the common love of good.

우렁찬 종소리여 울려 퍼져라

앨프리드 테니슨

울려 퍼져라 우렁찬 종소리, 거친 창공에,
저 흐르는 구름, 차가운 빛에 울려 퍼져라,
이 해는 오늘 밤 사라져 간다.
울려 퍼져라 우렁찬 종소리, 이 해를 보내라.
낡은 것 울려 보내고 새로운 것을 울려 맞아라.
거짓을 울려 보내고 진실을 울려 맞아라.
부자와 빈자의 반목을 울려 보내고
만민을 위한 구제책을 울려 맞아라.
울려 보내라 서서히 죽어 가는 명분을
그리고 케케묵은 당파 싸움을.
울려 보내라 결핍과 근심과 죄악을,
시대의 불신과 냉혹함을.
울려 맞아라, 진리와 정의를 사랑하는 마음을
울려 맞아라, 다 함께 선을 사랑하는 마음을. (부분)

앨프리드 테니슨(1809~1892)
영국 빅토리아 시대의 대표적인 시인이다. 낭만파 시인 윌리엄 워즈워스의 뒤를 이어 계관시인이 되었다. 그의 시들은 아름다운 운율과 서정미가 있어 국내의 독자들에게도 애송되었다.

한 해를 보내고 새해를 맞이하는 마음은 모두 같은 모양입니다. 테니슨은 19세기 영국 시인이지만, 마치 지금의 우리에게 말하고 있는 것 같습니다. 하루하루 힘들고 버거운 한 해였지만 우렁차게 울려 퍼지는 종소리처럼 모든 거짓, 반목, 불신을 역사 속으로 보내야겠습니다. 제야의 종소리와 함께 우리 마음에도 종을 울려서, 진리와 정의와 선을 사랑하는 마음을 맞아들여야겠습니다.

사실 12월 31일과 1월 1일은 하나도 다를 게 없는 똑같은 하루지만, 그래도 마치 이제까지의 불운과 실수, 슬픔을 다 떨쳐 버릴 수 있는 권리를 부여받은 것 같습니다. 새로운 시작에 가슴 설레고 괜히 희망이 솟구치기도 합니다.

1년 후 오늘, 또다시 힘들고 버거운 해였다고 한숨지어도 좋습니다. 다시 새롭게 시작합니다. 자꾸 스러져 가는 희망을 다 잡고 다시 일어서서 새로운 여정의 첫 발자국을 힘차게 내딛으려고 합니다.

준비되어 있나요? 복받을

New Year Thoughts
Ram P. Varma

(······) This is the beginning of a great New Year.
This is the beginning of a new learning to blossom and grow.
This is the beginning of a whole new secret to bliss.
You are self-expanding to respond;
That's the sheer magnificence within you.
Are you ready to receive these splendors of the heaven?
Are you ready to receive in awareness; the wisdom of ALL?

새해 생각

램 P. 바르마

이제 위대한 새해의 시작이다.
새로운 지혜가 꽃피고 자라기 시작한다.
천상지복의 새로운 비밀이 열리기 시작한다.
이를 맞기 위해 그대는 스스로를 크게 키운다.
그것이야말로 바로 그대가 숭고한 이유이다.
이 찬란한 천상의 복을 받을 준비가 되어 있는가?
우주의 지혜를 깨닫고 받아들일 준비가 되어 있는가? (부분)

램 P. 바르마(1961~)
뉴에이지 시인이자 영성교육가. 묵상을 통해 자신 안에 깃들어 있는 신성을 깨닫고 위대한 참 자아를 발견하여, 즐겁고 완성된 삶을 살아야 한다고 강조한다. 대표작 〈그대 안의 이 찬란한 세상〉, 〈멈추고 알아라〉는 현대의 혼돈에 흔들리지 않고, 고요함 속에서 스스로 힘을 기르는 방법을 알려 준다.

새벽을 깨는 닭 울음소리와 함께 새해가 시작되었습니다. 정말 시인의 말처럼 새로운 지혜가 꽃피고 천상지복의 새로운 비밀이 열리는, 그런 '위대한 새해'가 되었으면 참 좋겠습니다.

그런데 시인은 조건을 내세웁니다. 천상의 복을 받기 위해서는 우리 스스로 자격을 갖추어야 한다고 말입니다. 복을 받기 위해서는 우리 스스로가 커져서 하나의 우주가 되어야 하고, 그것이야말로 내 안에 잠자고 있는 위대한 능력이라고 말입니다. 그래서 시인은 묻습니다.

"당신은 복 받을 준비가 되어 있습니까?"

스스로를 크게 키운다는 말은 무슨 말일까요. 한껏 마음이 커져야 한다는 말이겠지요. 생명에 감사할 줄 알고, 세상의 치졸함과 악을 뛰어넘을 줄 알고, 한 발자국 떨어져서 삶의 아름다움을 느낄 줄 아는 것. 아, 그리고 기적을 일으킬 수 있는 내 마음속의 위대함을 깨닫는 일이 아닐까요.

그러면 우리는 한껏 복을 받고 희망으로 새해를 시작할 수 있을 것입니다.

복을 받기 위해서는 우리 스스로가 커져서
하나의 우주가 되어야 합니다

2월
February

춥다고 웅크리지 마세요.
일어나 뛰면 더 훈훈해지듯,
삶에도 반항 정신이 필요합니다.
지레 포기하기보다 일어나 반항하는 투쟁이
삶을 더욱 값지게 합니다.
이제 마음의 겨울도 봄이 머지않았습니다.

February Twilight
Sara Teasdale

I stood beside a hill
Smooth with new-laid snow,
A single star looked out
From the cold evening glow.

There was no other creature
That saw what I could see-
I stood and watched the evening star
As long as it watched me.

2월의 황혼

새러 티즈데일

새로 눈 쌓여 매끄러운
산 옆에 서 있었습니다.
차가운 저녁 빛 속에서
별 하나가 내다봅니다.

내가 보고 있는 걸
아무도 보는 이 없었지요.
나는 서서 별이 나를 보는 한
끝없이 그 별을 바라보았습니다.

새러 티즈데일(1884~1933)
20세기 초 활동한 미국의 여류시인. 섬세하고 감미로운 서정시로 사랑을 받았다. 시집 《바다로 흐르는 강》이 대표작이며, 《사랑의 노래》로 퓰리처상을 수상했다.

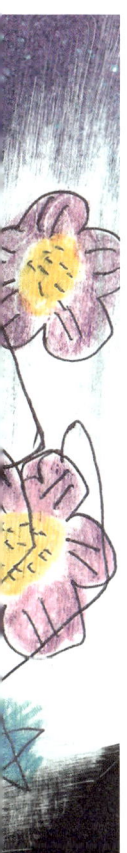

2월의 어느 눈 내린 저녁, 맑게 개어 가는 어스름 하늘에 별 하나가 떴습니다. 문득 별 하나와 내가 마주 섰습니다. 온 세상에 다른 아무것도 없이 나와 별, 둘만 존재하는 것 같습니다. 호젓하고 외로운 정경 같지만 우주 한가운데에 내 마음을 꽂아 놓은 듯, 평화와 기쁨이 물밀듯 밀려옵니다.

간혹 그런 순간이 있습니다. 마치 이 복잡다단하고 누추한 세상에서 떨어져 나와 4차원의 세계로 옮겨 간 듯, 자연과의 완전한 합일을 느낄 때가 있습니다. 영혼을 물에 담가 깨끗이 씻듯이 맑고 신성한 순간입니다.

그런데 시인은 왜 하필이면 2월의 저녁이라고 했을까요? 2월은 겨울과 봄이 교차하는 때입니다. 삭막한 겨울을 보내고 봄을 기다리는 마음이 애틋하고 순수하기 때문이 아닐까요.

운명에 맞서 보라

Ode to the West Wind

Percy Bysshe Shelley

(······) O, lift me as a wave, a leaf, a cloud!
(······) Like wither'd leaves, to quicken a new birth!
And, by the incantation of this verse,
Scatter, as from an unextinguish'd hearth
Ashes and sparks, my words among mankind!
Be through my lips to unawaken'd earth
The trumpet of a prophecy! O Wind,
If Winter comes, can Spring be far behind?

서풍에 부치는 노래

퍼시 비시 셸리

오, 나를 일으키려마, 물결처럼, 잎새처럼, 구름처럼!
우주 사이에 휘날리어 새 생명을 주어라!
그리하여, 부르는 이 노래의 소리로,
영원의 풀무에서 재와 불꽃을 날리듯이,
나의 말을 인류 속에 넣어 흩어라!
내 입술을 빌려 이 잠자는 지구 위에
예언의 나팔 소리를 외쳐라! 오, 바람아,
겨울이 만일 온다면 봄이 어찌 멀었으리오? (부분)

퍼시 비시 셸리(1792~1822)
영국 시인. 바이런, 키츠와 함께 영국 낭만주의 시대의 대표 시인으로 꼽힌다. 압제와 인습에 대한 반항, 이상주의적 사랑과 자유를 동경하며 섬세한 정감을 노래했다. 〈생의 승리〉라는 장시를 미완성으로 남겨 둔 채 요트 항해 중 익사했다.

함석헌 옹이 "슬프면서도 녹아드는 혼의 기도"이자, "나를 몇 번이나 엎어진 데서 일으켜 준 시"라고 표현한 셸리의 '서풍부(西風賦)'입니다. 우리에게는 마지막 행 "겨울이 만일 온다면 봄이 어찌 멀었으리오?"라는 말로 익숙한 시이기도 합니다.

코끝에 쌩하고 부는 바람이 얼음같이 차갑습니다. 아니 그보다 "인생의 무거운 짐을 지고 인생의 가시밭에 넘어지는" 마음이 더 추운 겨울입니다.

그러나 시인은 '반항 정신'을 말하고 있습니다. 춥다고 웅크리기보다 일어나 뛰면 훈훈해지듯이 삶에도 반항 정신이 필요합니다. 운명으로 치부하고 주저앉기보다 일어나 반항하는 투쟁이야말로 삶을 더욱 값지게 합니다.

이제 겨울이니 봄이 멀지 않듯이, 마음의 겨울에도 분명 머지않아 봄이 찾아올 테니까요.

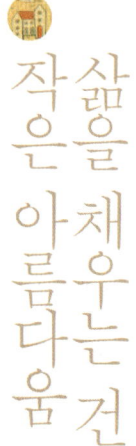

Life Is Made Up of Little Things
Mary R. Hartman

Life's made up of little things,
No great sacrifice of duty,
But smiles and many a cheerful word
Fill up our lives with beauty.

The heartaches, as they come and go
Are but blessings in disguises,
For time will turn the pages o'er
And show us great surprises.

삶은 작은 것들로 이루어졌네

메리 R. 하트먼

삶은 작은 것들로 이루어졌네
위대한 희생이나 의무가 아니라
미소와 위로의 말 한마디가
우리 삶을 아름다움으로 채우네.

간혹 가슴앓이가 오고 가지만
다른 얼굴을 한 축복일 뿐
시간이 책장을 넘기면
위대한 놀라움을 보여 주리.

메리 R. 하트먼(연대 미상)
미국의 여류시인. 작가의 생애나 다른 작품에 대해서는 알려진 바 없지만, 아름다운 삶에 대한 소중한 지혜를 익숙한 시어로 들려주는 이 한 편의 시로 미국에서 대중의 사랑을 받는 시인 중 한 명으로 자리매김했다.

이제껏 하루하루 성실하고 부지런하게 살아왔습니다. 남들 놀 때 놀지 않고 한 푼이라도 더 벌려고 악착같이 일했습니다. 드디어 내 삶도 위대한 계기를 맞이할 때가 되었습니다. 내 그릇에 비해 너무 작게, 사소한 일에 매달려 시간을 낭비하고 살아왔습니다.

다가오는 새봄에는 내 삶도 드디어 대박을 터뜨리리라는 기대를 가져 봅니다. 영웅적인 희생을 하고, 세상에 이름을 떨치고 역사에 길이 남는 그런 기회도 꿈꾸어 봅니다.

그러나 시인은 결국 삶은 작은 것들로 이루어진다고 말합니다. 작은 미소와 위로의 말 한마디, 별것 아닌 작은 것들이야말로 삶을 아름답게 채울 수 있다고 말합니다.

새봄에는 지금 내가 누리는 '작은 것들'에서 위대함을 찾고, 그래서 더욱 행복해졌으면 좋겠습니다.

3월
March

작년 이맘때 왔다가 금세 가버린 3월,
1년 만에 다시 찾아와 주니 반갑습니다.
겨울에 죽지 않고 살아난 만물이
이제는 생명을, 희망을 말할 때입니다.
살아남은 것들은
희망을 맞이할 자격이 있습니다.

3월님, 잘 지내셨나요

MARCH
Emily Dickinson

Dear March, come in!
How glad I am!
I looked for you before.
Put down your hat–
You must have walked–
How out of breath you are!
Dear March, how are you?
And the rest?
Did you leave Nature well?
Oh, March, come right upstairs with me,
I have so much to tell. (······)

3월
에밀리 디킨슨

3월님이시군요, 어서 들어오세요!
오셔서 얼마나 기쁜지요!
일전에 한참 찾았거든요.
모자는 내려놓으시지요–
아마 걸어오셨나 보군요–
그렇게 숨이 차신 걸 보니.
그래서 3월님, 잘 지내셨나요?
다른 분들은요?
'자연'은 잘 두고 오셨어요?
아, 3월님, 바로 저랑 이 층으로 가요.
말씀드릴 게 얼마나 많은지요. (부분)

에밀리 디킨슨(1830~1886)
미국의 대표 여류시인. 자연과 사랑, 죽음과 영원 등의 주제를 풍부하고 예리한 감수성을 통해 다루었다. 그녀의 시에는 실존에 대한 놀라운 깨달음이 담겨 있으며, 관습에 얽매이지 않는 간결하고 파격적인 시형과 이미지로 당시보다 20세기에 더욱 높이 평가되고 있다.

아, 3월님, 비도 저렇이 좋으로 가요
말씀드릴 게 얼마나 많은지요.

인디언 달력에서 3월은 '마음을 움직이게 하는 달', '한결같은 것은 아무것도 없는 달'로 묘사합니다. 봄인가 하면 눈 폭풍이 불고, 아직 겨울인가 하면 어느새 미풍에 실린 햇살이 눈부십니다. 변화무쌍하기 짝이 없고, 왔는가 하면 어느새 가버리는 달입니다.

작년 이맘때 왔다가 눈 깜짝할 새 가버렸던 3월, 1년 만에 다시 찾아와 주니 무척 반갑습니다. 그런데 그저 잠깐만 들르려고 급히 떠나왔는지 헐레벌떡 숨차 합니다. 시인은 3월을 조금이라도 더 머물게 하려고 모자를 내려놓고 자리 잡으라고 권합니다. 1년 동안 쌓인 이야기를 나누자고 이 층으로 안내하기도 합니다.

하지만 3월이 오래 머물 것 같지는 않습니다. 저 멀리 들려오는 꽃 소식만 전하고 곧 우리 곁을 다시 떠나가겠지요.

이제 두 팔 벌려 너를 맞으리

Spring Song
Robert Browning

The year's at the spring,
And day's at the morn;
Morning's at seven;
The hill–side's dew–pearl'd;
The lark's on the wing;
The snail's on the thorn;
God's in His heaven–
All's right with the world!

봄 노래
로버트 브라우닝

한 해의 봄

하루 중 아침

아침 7시

언덕에는 진주이슬 맺히고

종달새는 날고

달팽이는 가시나무 위에

하느님은 하늘에

모든 것이 평화롭다!

로버트 브라우닝(1812~1889)
영국 시인. 빅토리아 시대의 대표적 시인으로 인간의 내면세계에 관심이 많았고 인간의 복잡한 성격과 도덕적 질서를 탐구하는 시를 많이 썼다. 극적 독백 수법을 통한 복잡한 심리묘사를 잘했는데 대중에게는 어렵게 다가가 죽은 후에야 그 가치를 인정받게 되었다.

하느님은 하늘에, 인간은 땅에,
달팽이는 가시나무 위에

길고 긴 겨울이었습니다. 그래도 눈 오는 산의 참나무처럼 우리는 내공의 힘을 키우며 잘 견뎌 냈습니다. 이제 봄맞이 준비를 합니다. 시인은 언덕에는 이슬 맺히고 종달새 날아다니는 화창한 봄날 아침을 그리고 있습니다. 하느님은 하늘에, 인간은 땅에, 달팽이는 가시나무 위에- 세상만사가 제자리를 차지하고 있는 완벽한 질서와 평화를 보여 줍니다.

봄은 한 해의 시작이요, 아침은 하루의 시작, 새로운 시작은 희망을 말합니다. 겨울에 죽지 않고 살아난 만물이 이제는 생명을, 희망을 말할 때입니다. 살아남은 것들은 희망을 맞이할 당당한 자격이 있습니다. 그래서 우리도 다시 새봄에 새로운 힘을 얻고 새 희망을 맞이합니다.

Four Leaf Clover
Ella Higginson

I know a place where the sun is like gold.
And the cherry blossoms burst with snow;
And down underneath is the loveliest nook,
Where the four–leaf clovers grow.

One leaf is for hope, and one for faith.
And one is for love you know;
But God put another in for luck–
If you search, you will find where they grow.

But you must have hope, and you must have faith;
You must love and be strong' and so.
If you work, if you wait, you will find the place
Where the four–leaf clovers grow.

네 잎 클로버

엘라 히긴슨

나는 해가 금과 같이 반짝이고
벚꽃이 눈처럼 활짝 피는 곳을 알지요.
바로 그 밑에는 세상에서 제일 아름다운 곳,
네 잎 클로버가 자라는 곳이 있지요.

잎 하나는 희망을, 잎 하나는 믿음을,
그리고 또 잎 하나는 사랑을 뜻하잖아요.
하지만 하느님은 행운의 잎을 또 하나 만드셨어요.
열심히 찾으면 어디에서 자라는지 알 수 있지요.

하지만 희망을 갖고 믿음을 가져야 하지요.
사랑해야 하고 강해져야지요.
열심히 일하고 기다리면 네 잎 클로버
자라는 곳을 찾게 될 거예요.

엘라 히긴슨(1861~1940)
미국의 시인이자 사회활동가. 〈네 잎 클로버〉는 그녀의 첫 발표작이자 대표작이며, 그 외에 단편소설집을 출간하기도 했다. 문학뿐 아니라 여성의 교육, 결혼제도 등 여성의 삶에 영향을 미치는 이슈에도 관심이 많아 그와 관련된 다양한 사회활동을 했다.

누구나 행운을 원하지만, 행운은 결코 우연히 오지 않고 전제 조건이 있다고 시인은 말합니다. 행운을 만나기 위해서는 희망과 믿음을 가져야 하고 사랑할 줄 알아야 한다고요. 그리고 열심히 일하면서 기다리면, 행운은 오게 마련이라고 말합니다.

하지만 가끔 의문이 생깁니다. 다른 사람의 삶에는 호박이 넝쿨째 굴러 들어오기도 하는데 나는 희망, 믿음, 사랑 갖고 죽자 사자 열심히 일하고 기다려도 행운이 그냥 지나쳐 가는 것 같습니다.

네 잎 클로버는 행운을 뜻하지만, 세 잎 클로버는 행복을 상징한다고 하지요. 행운의 네 잎 클로버는 보이지 않더라도, 일부러 찾지 않고도 발밑에 차이는 게 행복이라는 뜻이겠지요. 희망, 믿음, 사랑 자체가 행운보다 훨씬 더 소중한 행복이니까요.

다시, 봄 March

4월
April

꽃 피는 아름다운 봄을
영원히 볼 수는 없을진대
너무 늦게 그것을 깨닫습니다.
문득 다가오는 봄 속에
내가 숨 쉬며 살아 있다는 사실이
눈물겹도록 감사합니다.

웃고도 싶고
울고도 싶은 4월

At April

Angelina Weld Grimké

Toss your gay heads,
Brown girl trees;
Shake your downy russet curls
All about your brown faces;
Stretch your brown slim bodies;
Stretch your brown slim arms;
Stretch your brown slim toes.
Who knows, better than we,
What it means
When April comes alaughing and aweeping
Once again
At our hearts?

4월에

앤젤리나 웰드 그림크

머리를 즐겁게 쳐들어라,
갈색 소녀 나무들아.
보드라운 갈색 곱슬머리를
너의 갈색 얼굴 주변으로 흔들어라.
너의 가느다란 갈색 몸을 쭉 펴라.
너의 가느다란 갈색 팔을 뻗어라.
너의 가느다란 갈색 발가락을 펼쳐라.
우리보다 더 잘 아는 자 누가 있으랴.
4월이 울고 웃으면서
다시 한 번
우리 마음에 오는 것이
무얼 의미하는지.

앤젤리나 웰드 그림크(1880~1958)
미국의 저널리스트·교사·극작가·시인. 유력한 노예소유주 집안에서 자랐으나 부모로부터 독립한 뒤에는 인습에 반대하고 여성의 사회활동을 주장했다. 특히 뉴욕 할렘가의 흑인 재즈가 문학으로 번지면서 일어난 문학적 혁명, 이른바 '할렘 르네상스' 시대의 중요한 선구자 역할을 하기도 했다.

인문관을 나서다가 아, 하고 깜짝 놀랐습니다. 마치 꽃 폭죽을 터뜨려 놓은 듯, 목련과 벚꽃이 구름처럼 피어 있었습니다. 바로 엊그제만 해도 차가운 날씨에 앙상한 갈색 나뭇가지만 떨고 있었던 것 같은데 어느새 문득 기지개를 켜고 일어난 듯, 가지마다 초록빛 물이 오르고 벌써 풍성한 꽃까지 매달고 서 있었습니다. 4월은 그렇게 다시 한 번 우리 곁에 왔습니다.

4월이 우리 마음에 온다는 것은 무엇을 의미할까요. 깨어나는 생명으로 마음이 설레고 기쁘기도 하지만, 다시 새롭게 계절의 순환을 타며 치열한 한 해를 보내기가 조금 겁나기도 합니다. 흐드러지게 핀 꽃의 화려함 때문에 행복하기도 하고, 그 화려함에 대비해 더욱 드러나는 어둠이 슬프기도 합니다. 그래서 웃고도 싶고 울고도 싶고, 4월은 두 가지 마음입니다.

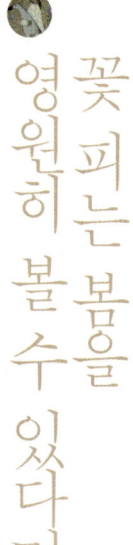

꽃 피는 봄을 영원히 볼 수 있다면

Loveliest of Trees, the Cherry Now
A. E. Housman

Loveliest of trees, the cherry now
Is hung with bloom along the bough,
And stands about the woodland ride
Wearing white for Eastertide.

Now, of my threescore years and ten,
Twenty will not come again,
And take from seventy springs a score,
It only leaves me fifty more.

And since to look at things in bloom
Fifty springs are little room,
About the woodlands I will go
To see the cherry hung with snow.

나무 중 제일 예쁜 나무, 벚나무

A. E. 하우스먼

가장 어여쁜 나무, 벚나무가 지금
가지마다 주렁주렁 꽃 매달고
숲 속 승마도로 주변에 서 있네.
부활절 맞아 하얀 옷으로 단장하고.

이제 내 칠십 인생에서
스무 해는 다시 오지 않으리.
일흔 봄에서 스물을 빼면
고작 쉰 번이 남는구나.

만발한 꽃들 바라보기에
쉰 번의 봄은 많은 게 아니니
나는 숲 속으로 가리라
눈같이 활짝 핀 벚나무 보러.

A. E. 하우스먼 (1859~1936)
영국의 고전학자이자 시인. 간결하고 고전미 넘치며 낭만적 염세주의를 표현한 서정시를 썼다. 대영박물관에서 11년간 독학으로 고전을 연구하여 독자적인 학문 업적을 달성하였다.

피천득 선생님의 수필에 새색시가 시집와서 김장 서른 번만 담그면 할머니가 된다고 했습니다. 마찬가지로, 강단에 서서 신입생 서른 번만 맞이하면 학교를 떠나야 하는 노교수가 됩니다. 그런데 나이 들어 갈수록 1년이 정말 눈 깜짝할 새 지나갑니다.

시 속의 화자는 우리 학생들 또래로, 스무 살쯤 되어 보입니다. 그래서 칠십 평생에 이제 쉰 번의 봄만 볼 수 있다고 아쉬워합니다. 쉰 번의 봄이 많지 않다니, 그러면 채 스무 번도 남지 않은 저는 어쩌란 말인지요.

꽃 피는 아름다운 봄을 영원히 볼 수는 없을진대, 너무 늦게, 이제야 그걸 깨닫습니다. 문득 다가오는 봄 속에 내가 숨 쉬며 살아 있다는 사실이 눈물겹도록 감사합니다. 올봄에 정말 꼭 꽃구경 한번 나서 봐야겠습니다.

5월
May

너무 옅지도, 짙지도 않은
청순한 푸름의 계절, 5월입니다.
꽃비 내리는 이 아침,
아픈 추억도 어두운 그림자도
다 뒤로하고 싶습니다.
우리는 지금 5월 속에 있으니까요.

청순한 푸름의 계절, 5월

May Is……
Maude M. Grant

A blue sky shot with sunbeams,
Green shadows 'neath the trees,
The caroling of many birds,
A gentle, soft, warm breeze.
The fruit trees all in blossom,
Pale pink and pearly white,
The lilacs waving purple plumes,
A truly gorgeous sight.
Each flowering shrub a beautiful
Gigantic sweet bouquet,
In the month of birds and flowers,
Fragrant, lovely, merry May.

5월은……

모드 M. 그랜트

햇빛 번지는 푸른 하늘
나무 밑의 녹색 그림자
숱한 새들의 노랫소리
부드럽고 따뜻한 미풍
연분홍, 진줏빛 흰색 꽃
만발한 과일 나무들
보라색 구름 흔드는 라일락
진정 아름다운 모습이어라.
꽃 피는 나무 하나하나
커다랗고 아름다운 꽃다발,
새들과 꽃들의 달인
향기롭고 아름답고 즐거운 5월에.

모드 M. 그랜트 (1876~1930)
미국의 여류시인이자 동화작가. 다채로운 이미지와 운율이 있는 짧고 아름다운 서정시를 주로 썼고, 어린이를 위해 도덕적이고 애국적인 내용을 담은 동화를 발표했다. 대표작으로 《소년소녀를 위한 심심풀이 동화》, 《풍차와 나막신》 등이 있다.

피천득 선생의 〈오월〉입니다. 너무 옅지도, 짙지도 않은 청순한 푸름의 계절, '밝고 맑고 순결한' 5월입니다.

오월은 금방 찬물로 세수를 한 스물한 살 청신한 얼굴이다.
하얀 손가락에 끼어 있는 비취가락지다.
오월은 앵두와 어린 딸기의 달이요, 오월은 모란의 달이다.
그러나 오월은 무엇보다도 신록의 달이다.
전나무의 바늘잎도 연한 살결같이 보드랍다.
(……)
신록을 바라다보면 내가 살아 있다는 사실이 참으로 즐겁다.
내 나이를 세어 무엇하리.
나는 오월 속에 있다.
(……)

꽃비 내리는 이 아침, 아픈 추억도 어두운 그림자도 다 뒤로하고 싶습니다. 우리는 지금 5월 속에 있으니까요.

빗물을 금빛으로 물들이는 데이지꽃처럼

Alchemy
Sara Teasdale

I lift my heart as spring lifts up
A yellow daisy to the rain;
My heart will be a lovely cup
Altho' it holds but pain.

For I shall learn from flower and leaf
That color every drop they hold,
To change the lifeless wine of grief
To living gold.

연금술

새러 티즈데일

봄이 빗속에 노란 데이지꽃 들어 올리듯
나도 내 마음 들어 건배합니다.
고통만을 담고 있어도
내 마음은 예쁜 잔이 될 겁니다.

빗물을 방울방울 물들이는
꽃과 잎에서 나는 배울 테니까요.
생기 없는 슬픔의 술을 찬란한 금빛으로
바꾸는 법을.

새러 티즈데일(1884~1933)
20세기 초 활동한 미국의 여류시인. 섬세하고 감미로운 서정시로 사랑을 받았다. 시집 《바다로 흐르는 강》이 대표작이며, 《사랑의 노래》로 퓰리처상을 수상했다.

봄비를 함빡 머금은 노란 데이지꽃이 마치 맑은 술이 담긴 잔같이 보입니다. 무색의 빗물은 꽃 안에서 예쁜 금빛이 됩니다.

우리의 마음도 잔과 같습니다. 때로는 희망과 기쁨을, 때로는 절망과 슬픔을 담게 됩니다. 시인의 마음속 잔에는 지금 고통만이 담겨 있습니다. 하지만 빗물을 금빛으로 변화시키는 데이지꽃처럼 시인은 고통을 기쁨으로 바꾸겠다고 합니다. 그러면 시인의 마음은 데이지꽃 못지않은 예쁜 잔이 되겠지요.

우리 마음의 잔에는 쓰디쓴 고통만이 담겨 있을 때가 많습니다. 그것을 찬란한 지혜, 평화, 기쁨으로 바꾸는 것이 삶의 연금술이지요.

그건 아는데, 머리로는 뻔히 아는데, 정말 시인이 말하는 것처럼 멋진 삶의 연금술사가 되기란 얼마나 힘이 드는지요.

6월

June

사랑에 빠진 청춘이 아름답듯
자연은 6월에 유독 눈부십니다.
향기로운 초여름 6월이 오면
아름다운 하늘, 꽃, 숲, 미풍을 느끼며
'아, 인생은 아름다워라' 하고
노래하게 됩니다.

싱그러운 계절 청춘을 담은

Life is delight when June is come
Robert S. Bridges

When June is come, then all the day,
I'll sit with my love in the scented hay,
And watch the sunshot palaces high
That the white clouds build in the breezy sky.

She singth, and I do make her a song,
And read sweet poems whole day long;
Unseen as we lie in our haybuilt home,
O, life is delight when June is come.

인생은 아름다워라! 6월이 오면

로버트 S. 브리지스

6월이 오면, 나는 온종일
사랑하는 이와 향긋한 건초 속에 앉아
미풍 부는 하늘 높은 곳 흰 구름이 지은
햇빛 찬란한 궁전들을 바라보리라.

그녀는 노래하고, 난 그녀 위해 노래 만들고,
온종일 아름다운 시 읽는다네.
건초더미 우리 집에 남몰래 누워 있으면
아, 인생은 아름다워라 6월이 오면.

로버트 S. 브리지스(1844~1930)
영국의 시인이자 수필가. 옥스퍼드 대학에서 약학을 공부하고 소아과 병원에서 근무했으나, 1882년부터 시를 쓰는 데 전념했다. 《단시집(Shorter Poems)》을 통해 시인으로서의 명성을 얻었고, 1913년 계관시인이 되었다. 순수한 감정과 운율을 살린 아름다운 시를 많이 썼다.

자연은 계절마다 아름답지만, 6월에 유독 더 눈부십니다. 푸른 물이 뿜어 나오는 듯한 진초록 잎들, 흐드러지게 핀 꽃들, 자연이 가장 싱싱한 생명의 힘을 구가하는 때이지요.

사람의 삶에도 계절이 있다면 단연 청춘이 제일 아름답지 않을까요. 나긋나긋한 몸매와 통통 튀는 용수철 같은 발걸음, 온몸으로 발산하는 생동감, 삶에 대한 도전과 자신감 - 모두 멋지지만, 청춘이 아름다운 이유는 아마도 아직은 낭만을 잃지 않고 달콤한 사랑에 빠지는 나이이기 때문이 아닐는지요.

그래서 시인들은 청춘의 달 6월을 사랑의 달이라 불렀고, 작사가 레오 로빈(Leo Robin)은 〈1월 속의 6월(June in January)〉이라는 노래에서 이렇게 노래 부른 적도 있습니다.

"사랑에 빠졌으니 1월 속의 6월이네(It's June in January because I'm in love)!"

'청춘'이라는 말을 떠올릴 때마다 나는 괴테(Goethe)가 생각납니다. 대학 시절 독문학을 부전공하며 배운 독일어는 다 잊어버렸지만, 청춘을 갈망하는 파우스트의 외침은 아직도 생생히 기억하고 있습니다.

사냥꾼~ 이런 멍청한 건 숲에 많아. 빨리 다리를 우리들을 바라봅니다.

"폭동의 심장을 가졌던 그날들을 내게 돌려 달라. 환희가 너무 깊어 고통스러웠던 시절, 증오의 힘, 그리고 사랑의 동요—아, 내게 내 젊음을 다시 돌려 달라!"

그 '폭동의 심장'을 가진 청춘을 다시 살라면 난 아마 파우스트처럼 선뜻 '예스'라는 답이 나오지 않을 것 같습니다. 그래도 향기로운 초여름 6월이 오면, 아름다운 하늘, 꽃, 숲, 미풍을 느끼며 '아, 인생은 아름다워라' 하고 노래하는 그 마음만은 간직하고 싶습니다.

물으신다면 사랑이 무어냐고

A Red, Red Rose
Robert Burns

O My Luve's like a red, red rose,
That's newly sprung in June;
O My Luve's like the melodie
That's sweetly played in tune. (……)

Till a' the seas gang dry, my dear,
And the rocks melt wi' the sun;
O I will love thee still, my dear,
while the sands o' life shall run.

And fare thee weel, my only luve,
And fare thee weel, awhile!
And I will come again, my luve,
Though it were ten thousand mile.

새빨간 장미

로버트 번스

오, 내 사랑은 6월에 갓 피어난
새빨간 장미 같아라.
오, 내 사랑은 곡조 따라
감미롭게 울리는 가락 같아라.

바다란 바다가 다 마를 때까지, 내 사랑아
바위가 태양에 녹아 없어질 때까지
오, 그대 영원히 사랑하리라, 내 사랑아
내게 생명이 있는 동안은.

그러니 잘 있어요, 단 하나뿐인 내 사랑
잠시 동안 작별하니 잘 있어요!
내 다시 돌아올 테니, 내 사랑아
그 길이 아무리 만 리 길이라 해도. (부분)

로버트 번스(1759~1796)
영국의 시인이자 작사가. 각지의 농장을 돌아다니며 농사를 짓는 틈틈이 옛 시와 민요를 익혔다. 스코틀랜드 서민의 소박하고 순수한 감정을 표현한 서정시를 많이 써서 스코틀랜드의 국민시인으로 사랑받고 있다.

"니들이 사랑을 알아?" 서울역에 잠깐 앉아 있는데 뒷좌석에서 부자(父子)인 듯한 두 사람이 사랑론을 펼치고 있습니다.

"니들이 사랑을 아느냐구. 그 여자 집 밖에서 창문 바라보며 열 시간 있어 봤어? 찻집에서 오지 않는 그녀를 다섯 시간 기다려 봤어?"

"치, 그게 스토킹이지 무슨 사랑이에요."

"그녀 앞에선 내가 발가락의 때만도 못하게 느껴지는 것, 그게 바로 사랑이야."

"바다가 마를 때까지, 바위가 녹아 없어질 때까지 그대를 사랑한다"라는 시행은 학생들 작문책에 과장법의 예로 나옵니다. 하지만 사랑하는 마음 자체가 과장법 아닌가요. 심장이 자꾸 부풀어 올라 터질 것 같고, 그 사람이 나보다 훨씬 커 보이고, 이 세상이 실제보다 훨씬 더 아름다워 보이고, 내 마음이 끝없이 커져 이 세상 모든 게 용서되는 것. 그게 바로 사랑 아닌가요.

얼마나 오랜 세월을 견뎌야

Blowing in the wind
Bob Dylan

How many roads must a man walk down
Before you call him a man
How many seas must a white dove sail
Before she sleeps in the sand
How many times must the cannonballs fly
Before they're forever banned (……)
How many years must one man have
Before he can hear people cry (……)
The answer, my friend, is blowing in the wind
The answer is blowing in the wind.

바람 속에 답이 있다
밥 딜런

얼마나 많은 길을 걷고 나서야
그는 진정 사람 취급을 받을 수 있을까.
얼마나 많은 바다 위를 날아야
흰 비둘기는 백사장에서 편안히 잠들 수 있을까.
얼마나 많은 포탄이 휩쓸고 나서야
세상에 영원한 평화가 찾아올까.
얼마나 오랜 세월을 살아야
다른 이들의 울음소리를 들을 수 있을까.
친구여, 그 답은 바람 속에 있습니다.
그건 바람만이 대답할 수 있습니다. (부분)

밥 딜런(1941~)
미국의 대중음악 가수, 작사가, 작곡가이자 시인이며 화가. 열 살 때부터 시를 쓰기 시작했고, 그의 노랫말은 미국 고등학교와 대학의 교과서에 실릴 정도로 문학적 가치를 인정받고 있다. 1982년 작곡가 명예의 전당, 1988년 로큰롤 명예의 전당에 입성, 2000년에는 폴라음악상을 수상했다.

음유 시인으로 잘 알려진 밥 딜런의 유명한 노래 〈바람 속에 답이 있다〉의 가사입니다. 오래전부터 딜런에게 노벨문학상을 수여해야 한다고 주장하는 사람들이 있었고, 그의 시들이 셰익스피어나 T. S. 엘리엇에 견줄 만하다고 책을 쓴 영문학자 소식도 신문에서 읽은 적이 있습니다.

딜런(그가 좋아했던 영국 시인 딜런 토머스에서 따온 이름)의 시는 사람(a man)이지만 사람이라고 불리지 못하는 사람들(오랫동안 흑인 남자는 boy라고 불렸죠), 자유가 없는 사람들, 전쟁 속에서 희생되는 사람들의 '사람답게 살 권리', '생명을 지킬 권리'를 위해 싸우는 저항의 목소리, 그리고 '다른 이들의 울음소리'를 들을 줄 아는 따뜻한 마음으로부터 나옵니다. 그가 다른 유명한 시인들과 다른 점이 있다면, 그의 시들은 책 속에 있지 않고 우리 삶 속에 있다는 것입니다.

'얼마나 오랜 세월을 살아야……'라고 딜런은 노래 불렀지만, 거의 40년이 흐른 지금도 변한 건 하나도 없는 것 같습니다.

얼마나 오랜 세월을 살아야
다른 이들의 울음소리를 들을 수 있을까

7월
July

나로 인해 누군가
고통 하나를 가라앉힐 수 있다면,
장영희가 왔다 간 흔적으로
이 세상이 손톱만큼이라도 좋아진다면…….
태풍이 지나고
다시 태양이 내비치는 오후의 화두입니다.

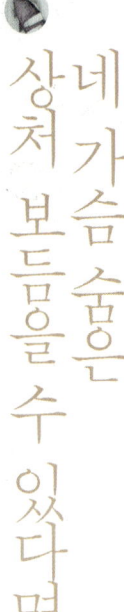

네가슴숨은 상처 보듬을 수 있다면

If I can……
Emily Dickinson

If I can stop one heart
from breaking,
I shall not live in vain;
If I can ease one life
the aching,
or cool one pain,
or help one fainting robin
unto his nest again,
I shall not live in vain.

만약 내가……
에밀리 디킨슨

만약 내가 한 사람의 가슴앓이를
멈추게 할 수 있다면,
나 헛되이 사는 것 아니리.
만약 내가 누군가의 아픔을
쓰다듬어 줄 수 있다면,
혹은 고통 하나를 가라앉힐 수 있다면,
혹은 기진맥진 지친 한 마리 울새를
둥지로 되돌아가게 할 수 있다면,
나 헛되이 사는 것은 아니리.

에밀리 디킨슨(1830~1886)
미국의 대표 여류시인. 자연과 사랑, 죽음과 영원 등의 주제를 풍부하고 예리한 감수성을 통해 다루었다. 그녀의 시에는 실존에 대한 놀라운 깨달음이 담겨 있으며, 관습에 얽매이지 않는 간결하고 파격적인 시형과 이미지로 당시보다 20세기에 더욱 높이 평가되고 있다.

간혹 아침에 눈을 뜨면 불현듯 의문 하나가 불쑥 고개를 쳐듭니다. 어제와 똑같은 오늘, 아등바등 무언가를 좇고 있지만 결국 나는 무엇을 위해 살아가는가? 딱히 돈인 것 같지도 않고, 그렇다고 명예도 아닙니다. 그냥 버릇처럼 무엇이든 손에 닿는 것은 움켜쥐면서 앞만 보고 뛰다 보면 옆에서 아파하는 사람도, 둥지에서 떨어지는 기진맥진한 울새도 눈에 들어오지 않습니다.

그렇게 뛰면서 마음이 흡족하고 행복한가? 그렇지도 않습니다. 결국 내가 헛되이 살아가고 있지 않은가 하는 두려움은 늘 마음에 복병처럼 존재합니다.

불가(佛家)에서는 이 세상에 인간으로 태어나는 것은 들판에 콩알을 넓게 깔아 놓고 하늘에서 바늘 하나가 떨어져 그중 콩 한 알에 꽂히는 확률이라고 말합니다. 그토록 귀한 생명 받아 태어나서, 나는 이렇게 헛되이 살다 갈 것인가.

나로 인해 누군가 고통 하나를 가라앉힐 수 있다면, 장영희가 왔다 간 흔적으로 이 세상이 손톱만큼이라도 더 좋아진다면, I shall not live in vain……. 태풍이 지나고 다시 태양이 내비치는 오후의 화두입니다.

그대 만난 뒤
내 사랑은 눈떴네

A Birthday

Christina Rossetti

My heart is like a singing bird
Whose nest is in a watered shoot;
My heart is like an apple-tree
Whose boughs are bent with thickset fruit;
My heart is like a rainbow shell
That paddles in a halcyon sea;
My heart is gladder than all these (……)
Because the birthday of my life
Is come, my love is come to me.

생일

크리스티나 로세티

내 마음은 물가의 가지에 둥지를 튼
한 마리 노래하는 새입니다.
내 마음은 탐스런 열매로 가지가 휘어진
한 그루 사과나무입니다.
내 마음은 무지갯빛 조가비,
고요한 바다에서 춤추는 조가비입니다.
내 마음은 이 모든 것들보다 더 행복합니다.
이제야 내 삶이 시작되었으니까요.
내게 사랑이 찾아왔으니까요. (부분)

크리스티나 로세티(1830~1894)
영국의 여류시인. 순수한 어린이의 마음을 노래한 동요시를 비롯하여 세련된 시어, 확실한 운율법, 온아한 정감이 만들어 내는 시경(詩境) 등으로 신비적·종교적 분위기를 자아내는 시들을 남겼다.

눈을 감고 들으면 누군가가 내게 불쑥 내미는 화려한 꽃다발 같은 시입니다. 진정한 생일은 육신이 생명을 얻은 날이 아니라 사랑을 통해 다시 태어난 날이라고 노래하고 있지요. 글을 쓸 수 있기 전에 이미 시를 썼다는 크리스티나 로세티가 스물일곱 살 때 쓴 시입니다.

사랑에 빠진 시인의 마음은 환희와 자유의 상징인 새, 결실과 충만의 상징인 사과나무, 평화와 아름다움의 상징인 고요한 바다와 같이 너무나 행복합니다. 스물일곱 나이가 까마득히 먼 꿈이 되어 버린 내 마음까지 덩달아 사랑의 기대로 설렙니다.

영어에서 live와 love는 철자 하나 차이입니다. 우리말에서도 '사랑하다'와 '살다'는 어원을 좇아가면 결국 같은 말에서 유래한다고 합니다. '사람'의 뾰족한 네모 받침을 부드러운 동그라미로 만들면 '사랑'이 됩니다. 우리가 자주 쓰는 '사람', '사랑', '삶'이라는 말들은 모습도 소리도 다 비슷한데, 우리는 삶 따로 사랑 따로 제각각 살아갑니다.

내 육신의 생일은 9월이지만, 사랑이 없으면 생명이 없는 것이라는 〈생일〉을 읽으며, 나도 이 7월에 다시 한 번 태어나고픈 소망을 가져 봅니다. 한여름의 태양을 사랑하고, 바다를 사랑하고, 사람들을 한껏 사랑하며, 로세티처럼 "My love is come to me!"라고 온 세상에 고할 수 있는 사랑을 하고 싶습니다.

8월

August

삶을 열두 달로 나눈다면
8월은 언제쯤일까요.
인생의 8월은
자아 탐색의 치열한 여름을 보내고
세상을, 그리고 타인을 조금씩 이해하는
성숙의 가을이 시작되는 때입니다.

계절은 이렇게 깊어 가는데

The Tea Shop

Ezra Pound

The girl in the tea shop
Is not so beautiful as she was,
The August has worn against her.
She does not get up the stairs so eagerly;
Yes, she also will turn middle-aged.
The glow of youth that she spread about us
As she brought us our muffins
Will be spread about us no longer.
She also will turn middle-aged.

찻집

에즈라 파운드

찻집의 저 아가씨
예전처럼 그리 예쁘지 않네.
그녀에게도 8월이 지나갔네.
층계도 전처럼 힘차게 오르지 않고.
그래, 그녀도 중년이 될 테지.
우리에게 머핀을 갖다 줄 때
주변에 풍겼던 그 젊음의 빛도
이젠 풍겨 줄 수 없을 거야.
그녀도 중년이 될 테니.

에즈라 파운드(1885~1972)
미국의 시인이자 비평가. 시각적이고 명료한 표현을 옹호하는 '이미지즘'이라는 새로운 시 운동의 선봉에 섰다. 동서 문학에 조예가 깊었고, 다방면에 걸쳐 우수한 번역을 남겼다.

중년 남자가 단골 찻집에 혼자 앉아 있습니다. 문득 그 생기발랄하던 찻집 아가씨의 동작이 조금 느려지고 얼굴에는 삶의 그림자가 드리웠다는 것을 느낍니다. 그녀도 자신과 같이 중년이 된다는 사실이 새삼 놀랍고도 슬픕니다.

삶을 열두 달로 나눈다면 8월은 언제쯤일까요. 서른다섯? 마흔? 6월과 7월, 청춘의 야망은 이제 가슴속에 추억으로 담은 채 조금씩 순명(順命)을 배워 가는 나이입니다. 삶의 무게를 업고 위태롭게 줄타기를 하는 때입니다. 자꾸 커지는 세상에 나는 끝없이 작아지고, 밤에 문득 눈을 뜨면 앞으로 살아 내야 할 삶이 무섭습니다.

그러나 인생의 8월은 자아 탐색의 치열한 여름을 보내고 세상을, 그리고 타인을 조금씩 이해하는 성숙의 가을이 시작되는 때입니다.

삶이 늘 즐겁기만 하다면

If All the Skies Were Sunshine

Henry Van Dyke

If all the skies were sunshine,
Our faces would be fain
To feel once more upon them
The cooling splash of rain.

If all the world were music,
Our hearts would often long
For one sweet strain of silence,
To break the endless song.

If life were always merry,
Our souls would seek relief,
And rest from weary laughter
In the quiet arms of grief.

하늘에 온통 햇빛만 가득하다면
헨리 밴 다이크

하늘에 온통 햇빛만 가득하다면
우리 얼굴은
시원한 빗줄기를 한 번 더
느끼기를 원할 겁니다.

세상에 늘 음악 소리만 들린다면
우리 마음은
끝없이 이어지는 노래 사이사이
달콤한 침묵이 흐르기를 갈망할 겁니다.

삶이 언제나 즐겁기만 하다면
우리 영혼은
차라리 슬픔의 고요한 품 속
허탈한 웃음에서 휴식을 찾을 겁니다.

헨리 밴 다이크 (1852~1933)
장로교 목사 안수를 받은 뒤 20여 년간 목회활동을 했다. 프린스턴 대학에서 영문학을 가르쳤고 네덜란드 주재 미국 대사를 지내기도 했다. 유창한 설교자인 동시에, 수필가이자 시인으로서도 명성을 얻었으며, 소설 《네 번째 동방박사》가 널리 알려졌다.

삶이 언제나 즐겁기만 하다면
  차라리 허탈한 웃음에서 휴식을 찾을 겁니다

소나기 한 번 내리지 않고 바람 한 줄기 없이 햇볕만 가득한 날씨, 소음 하나 없이 아름다운 음악 소리만 가득한 세상, 늘 즐거워 언제나 미소 짓는 사람들만 있는 세상, 걱정거리 하나 없고 미워할 사람 하나 없고 훌륭한 사람들만 가득한 세상, 그런 세상이 꼭 좋은 것만은 아닐지도 모릅니다.

　질시의 아픔을 알기 때문에 용서가 더욱 귀중하고, 죽음이 있어서 생명의 소중함을 알게 되지요. 실연의 고통이 있기 때문에 사랑이 더욱 귀하고, 눈물이 있기 때문에 웃는 얼굴이 더욱 눈부시지 않은가요.

　하루하루 극적이고 버거운 삶이 있기 때문에 평화가 더욱 값지고, 희망과 꿈을 가질 수 있는 것처럼 말입니다.

9월
September

문득 내다본 창밖,
파란 하늘 모서리와 노란 화관을 쓴 나무가
가을이 곁에 와 있음을 알려 줍니다.
힘겨웠지만 아름다웠던
내 삶의 봄과 여름을 보내고
이제는 사랑이 이우는 이별의 준비를
시작해야 할 때입니다.

오늘은 나머지 삶의 첫날

Birches
Robert Frost

(……) Life is too much like a pathless wood
Where your face burns and tickles with the cobwebs
Broken across it, and one eye is weeping (……)
I'd like to get away from earth awhile
And then come back to it and begin over. (……)
Earth's the right place for love:
I don't know where it's likely to go better. (……)

자작나무
로버트 프로스트

인생은 꼭 길 없는 숲 같아서
거미줄에 얼굴이 스쳐 간지럽고 따갑고,
한 눈은 가지에 부딪혀 눈물이 나기도 한다.
그러면 잠시 지상을 떠났다가
돌아와 다시 새 출발을 하고 싶다.
세상은 사랑하기 딱 좋은 곳
여기보다 좋은 곳이 또 어디 있을까. (부분)

로버트 프로스트(1874~1963)
미국 시인. 자연과 소박한 농경생활 등을 노래해 현대 미국 시인 중 가장 순수한 시인이자 고전을 잇는 시인으로 꼽힌다. 퓰리처상을 4회 수상했으며, 케네디 대통령 취임식에서 자작시를 낭송하는 등 폭넓은 활동을 펼쳐 20세기 미국의 계관시인으로 불린다.

인생은 길 없는 숲이고, 길을 찾아 숲 속을 헤매는 것이 우리네 인생살이입니다. 나무를 헤치며 가다 보면 때로는 얼굴이 거미줄에 걸리기도 하고 나뭇가지에 눈이 찔리기도 합니다. 그러면 길을 잘못 들었다는 생각이 들지요. 떠났다 돌아와서 처음부터 다시 시작하고 싶습니다. 그렇지만 시 중간에 시인은 말합니다.

운명이 내 말을 일부러 오해하여
내 소원의 반만 들어주어 날 아주 데려가
돌아오지 못하게 하지 않기를.

잠시 떠나고 싶지만 영원히 떠나고 싶지는 않은 곳이 바로 이 세상입니다. 어차피 운명은 믿을 만한 게 못 되고 인생은 두 번 살 수 없는 것. 오늘이 나머지 내 인생의 첫날이라는 감격과 열정으로 사는 수밖에요.

성숙한 사랑의 모습이란

Love Poem
Robert Bly

When we are in love, we love the grass,
And the barns, and the lightpoles,
And the small main streets abandoned all night.

사랑에 관한 시
로버트 블라이

사랑을 하게 되면 우리는 풀을 사랑하게 된다.
그리고 헛간도, 가로등도,
밤새 인적 끊긴 작은 중앙로들도.

로버트 블라이(1926~)
미국의 시인·번역가·에세이스트·편집인. 왕성한 문필활동으로 미국 문단에서 영향력을 떨치고 있다. 다양한 시론을 발표하고 유럽과 중남미 주요 시인들의 작품을 번역 출간하면서 주목받았다. 깊이 있는 내용, 본질을 꿰뚫는 시선으로 잘 알려져 있다.

당신을 사랑해서
당신이 필요합니다

에리히 프롬은 《사랑의 기술》이라는 책에서 "미성숙한 사랑은 '당신이 필요해서 당신을 사랑합니다'라고 말하고, 성숙한 사랑은 '당신을 사랑해서 당신이 필요합니다'라고 말한다"고 했습니다.

사랑의 기본 원칙은 내 삶 속에서 상대방의 존재 가치를 인정하는 것입니다. 그래서 사랑을 하면 세상의 중심이 내 안에서 바깥으로 이동하여 마음이 한없이 커지고 순해집니다.

열매가 주렁주렁 열린 아름드리나무뿐 아니라 길옆에 숨어 있는 작은 풀 한 포기도, 하늘을 찌를 듯 높고 멋있는 빌딩뿐 아니라 초라한 헛간도, 휘황찬란하게 밝은 네온사인뿐 아니라 희미한 가로등도, 사람들이 왁자지껄한 큰길뿐 아니라 아무도 가지 않는 외로운 길도, 이 세상에서 버림받은 것들, 하잘것없는 것들까지 모두 애틋하고 소중하게 생각됩니다.

사랑하므로 그 사람이 꼭 필요해서 '나와 당신'이 아니라 '나의 당신'이라고 부르게 되는 것, 그것이 사랑입니다.

돌아오지 않을,
가버린 날들의 행복

Break, Break, Break
Alfred Tennyson

Break, break, break,
On thy cold gray stones, O Sea!
And I would that my tongue could utter
The thoughts that arise in me.

O, well for the fisherman's boy,
That he shouts with his sister at play!
O, well for the sailor lad,
That he sings in his boat on the bay! (……)

But the tender grace of a day that is dead
Will never come back to me.

부서져라, 부서져라, 부서져라

앨프리드 테니슨

부서져라, 부서져라, 부서져라,
오 바다여! 네 차디찬 잿빛 바위 위로,
내 혀가 내 속에 치밀어 오르는
생각들을 표현할 수 있었으면 좋으련만.

오, 저 어부의 아들은 좋겠구나,
누이와 장난치며 고함지르네!
오, 저 젊은 사공은 좋겠구나,
포구에 배 띄우고 노래 부르네!

하지만 가버린 날의 다정한 행복은
내게 다시는 돌아오지 않으리. (부분)

앨프리드 테니슨(1809~1892)
영국 빅토리아 시대의 대표적인 시인이다. 낭만파 시인 윌리엄 워즈워스의 뒤를 이어 계관시인이
되었다. 그의 시들은 아름다운 운율과 서정미가 있어 국내의 독자들에게도 애송되었다.

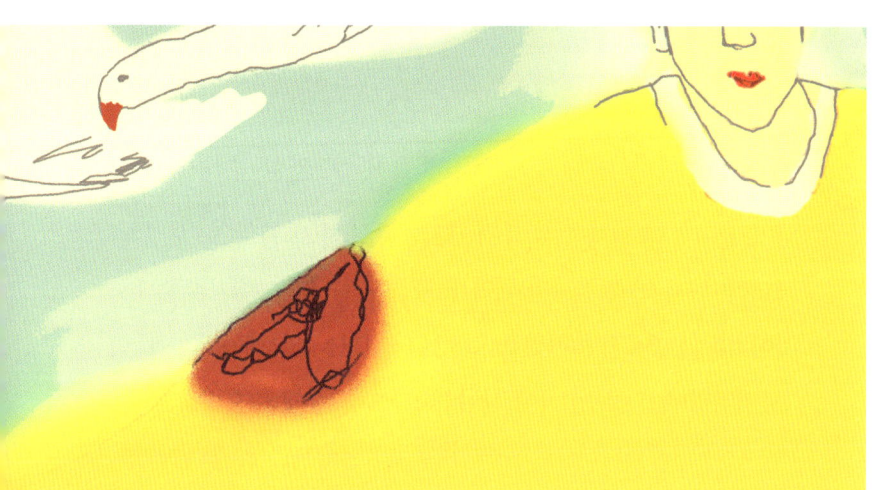

가버린 날의 다정한 행복은
　　　내게 다시는 돌아오지 않으리

철썩, 철썩 파도가 밀려와 바위 위로 부서지는 바다 - 자연과 하나가 되어 행복한 아이들을 보며 시인은 지나간 날의 영광과 행복을 생각합니다.

이 시를 읽다 보면 육당 최남선의 〈해(海)에게서 소년에게〉라는 시가 생각납니다.

> 처……ㄹ썩, 처……ㄹ썩, 척, 쏴……아.
> 때린다, 부순다, 무너 버린다. (……)
> 나의 큰 힘 아느냐, 모르느냐, (……)
> 손뼉만 한 땅을 가지고,
> 그 속에 있어서 영악한 체를
> 부리면서, 나 혼자 거룩하다 하는 자, (……)
> 나를 보아라.
> 처……ㄹ썩, 처……ㄹ썩, 척, 튜르릉, 콱.

자연 앞에서 인간은 정말이지 힘없고 왜소한 존재입니다. 알면서도 모르는 척, 손바닥만 한 땅 위에서 아등바등 서로 잘난 척, 거룩한 척 제멋대로 살아갑니다.

그러다 문득 바다를 보면, 내 죄를 다 안다는 듯 무섭게 덮치는 파도를 보면, 불현듯 그 거대한 힘이 무섭고 살아온 세월이 슬퍼질 때가 있습니다.

10월
October

오곡백과가 풍성함을 자랑하는
성취와 감사의 달입니다.
자연이 또 한 번의 치열한 삶을 마감하며
순명으로 죽음을 준비하는 달이기도 합니다.
그래서 삶과 죽음이, 만족과 겸손이
공존하는 달입니다.

움켜쥐어도
결국은 흘러갈 것을

October

Thomas Bailey Aldrich

October turned my maple's leaves to gold;
The most are gone now; here and there one lingers.
Soon these will slip from out the twig's weak hold,
Like coins between a dying miser's fingers.

10월

토머스 베일리 올드리치

10월이 내 단풍나무 잎을 황금색으로 물들였네.
이제 거의 다 떨어지고 여기저기 한 잎씩 매달렸네.
머잖아 그 잎들도 힘없는 가지로부터 떨어질 것,
죽어 가는 수전노의 손가락에서 흘러나오는 동전처럼.

토머스 베일리 올드리치(1836~1907)
미국의 시인이자 작가. 대학 진학의 꿈을 접고 일찍부터 일을 시작했다. 젊은 시인, 예술가들과 교류하며 편집 일을 하다가 운문과 산문 모두에 두각을 나타내며 자신의 글로 세상에 이름을 알렸다.

오곡백과가 풍성함을 자랑하는
성취와 감사의 달 10월입니다

10월입니다. 오곡백과가 풍성함을 자랑하는 성취와 감사의 달입니다. 그런가 하면 자연이 또 한 번의 치열한 삶을 마감하며 순명으로 죽음을 준비하는 달이기도 합니다. 그래서 삶과 죽음이, 만족과 겸손이 공존하는 달입니다. 자연의 순환에 몸을 맡기고 마지막으로 자신을 불태우는 낙엽의 모습이 너무나 아름답습니다.

무엇보다 10월은 아쉬움의 달입니다. 올해만은 꼭 잘 살아봐야지, 굳게 마음먹었던 계획은 하루하루 버거운 살림살이에 이미 잊었는데, 인생 기차는 어느덧 또 하나의 정거장을 향해 달려가고 있습니다.

아무리 움켜쥐어도 결국은 손가락 사이로 흘러갈 것을, 순순히 미련 없이 떨어지는 단풍잎의 모습을 보고 배우라며 시인은 말하고 있는지도 모릅니다.

The Road not Taken

Robert Frost

Two roads diverged in a yellow wood,
And sorry I could not travel both
And be one traveler, long I stood
And looked down one as far as I could
To where it bent in the undergrowth;

Then took the other, as just as fair,
And having perhaps the better claim (······)
Oh, I kept the first for another day!
Yet knowing how way leads on to way,
I doubted if I should ever come back.

I shall be telling this with a sigh
Somewhere ages and ages hence:
Two roads diverged in a wood, and I–
I took the one less traveled by,
And that has made all the difference.

가지 못한 길

로버트 프로스트

노랗게 물든 숲 속의 두 갈래 길,
몸 하나로 두 길 갈 수 없어
아쉬운 마음으로 그곳에 서서
덤불 속으로 굽어든 한쪽 길을
끝까지 한참을 바라보았다.

그러고는 다른 쪽 길을 택하였다. 똑같이
아름답고 그 길이 더 나을 법하기에.
아, 먼저 길은 나중에 가리라 생각했는데!
하지만 길은 또 다른 길로 이어지는 법.
다시 돌아오지 못할 것을 알고 있었다.

지금으로부터 먼 먼 훗날 어디에선가
나는 한숨 쉬며 이렇게 말할 것이다.
어느 숲 속에서 두 갈래 길 만나 나는–
나는 사람이 적게 다닌 길을 택했노라고.
그리고 그것 때문에 모든 게 달라졌다고. (부분)

로버트 프로스트(1874~1963)
미국 시인. 자연과 소박한 농경생활 등을 노래해 현대 미국 시인 중 가장 순수한 시인이자 고전을 잇는 시인으로 꼽힌다. 퓰리처상을 4회 수상했으며, 케네디 대통령 취임식에서 자작시를 낭송하는 등 폭넓은 활동을 펼쳐 20세기 미국의 계관시인으로 불린다.

<u>프로스트의 대표작으로서</u> 자주 만나게 되는 시지만, 숲이 노랗게 물드는 사색의 계절이 되면 더욱 생각납니다. 오래전 학생 시절 영어 교과서에 실렸던 이 시를 설명하면서 선생님은 말씀하셨습니다.

"그래, 삶은 하나의 길을 따라가는 여정이다. 시 속의 화자는 두 갈래 길을 만났지만 너희 앞에는 수십 갈래, 수백 갈래 길이 있다. 군중을 따라가지 말고, 사람이 적게 다녀도 정말로 가치 있고 진정 너희가 좋아할 수 있는 길을 택해라."

그러나 삶의 길에는 표지판이 없는지라 수백 갈래 길 중에 정말 가치 있는 길이 어딘지 알 수 없었습니다. 길은 또 다른 길로 이어지고, 엉뚱한 길로 빠지기도 합니다. 지금 삶의 뒤안길에 서서 생각하면, 마음속에 가지 못한 길에 대한 회한이 가득합니다. 차라리 그때 그 길로 갔더라면…….

그러나 이제 되돌아가기에는 너무 늦었습니다. 내가 선택한 길을 믿으며 오늘도 터벅터벅, 한 발자국이라도 더 앞으로 나아갈 뿐입니다.

11월
November

가을은 슬프기 때문에
더욱 아름다운 계절입니다.
그 어떤 화려하고 찬란한 색깔의 꽃이
가을 들판에서 남몰래 피었다 지는
작은 들국화의 깊고 은은한 아름다움에
비길 수 있을까요.

가을 잎새에 눈물 떨어지듯

The Falling of the Leaves
William Butler Yeats

AUTUMN is over the long leaves that love us,
And over the mice in the barley sheaves;
Yellow the leaves of the rowan above us,
And yellow the wet wild–strawberry leaves.

The hour of the waning of love has beset us,
And weary and worn are our sad souls now;
Let us part, ere the season of passion forget us,
With a kiss and a tear on thy drooping brow.

낙엽은 떨어지고

윌리엄 버틀러 예이츠

가을이 우리를 사랑하는 기다란 잎새 위에,
보릿단 속 생쥐 위에도 머뭅니다.
머리 위 마가목 잎이 노랗게 물들고
이슬 젖은 산딸기 잎새도 노랗습니다.

사랑이 이울어 가는 시간이 다가왔습니다.
슬픈 우리 영혼은 지금 피곤하고 지쳐 있습니다.
헤어집시다. 정열의 계절이 우리를 잊기 전에
그대 숙인 이마에 입맞춤과 눈물을 남기며.

윌리엄 버틀러 예이츠(1865~1939)
아일랜드의 시인이자 극작가. 20세기 영미시단을 대표하는 시인으로 꼽힌다. 1891년 아일랜드 문예협회를 창립하여 아일랜드의 문예부흥운동에 박차를 가했다. 환상적인 주제를 즐겨 다루어 낭만적인 시가 많다. 시적인 극작품들을 발표하기도 했으며, 1923년에 노벨문학상을 수상했다.

쌀쌀한 날씨 때문에 보릿단 속에 숨은 생쥐, 머리 위로 떨어지는 노란 단풍잎들, 열매는 다 떨어지고 축축한 잎만 남은 산딸기—가을 풍경은 성숙과 함께 불가피하게 죽음을 맞이해야 하는 자연의 법칙을 말해 줍니다.

시인은 가을처럼, 이제 사랑도 정열이 식고 그 충만함을 잃었다고 개탄합니다. 종지부를 찍듯이 '한 번의 입맞춤(a kiss)'과 '눈물 한 방울(a tear)'이라고 매몰차게 말해 보지만, '그대 숙인 이마'는 그 이별이 얼마나 어려운지를 말해 줍니다.

하지만 잎새들이 다시 살기 위해 죽어야 하듯이, 더욱 성숙한 사랑을 맞이하기 위해 간혹 죽음 같은 이별도 감수해야 합니다. 시인은 낙엽 떨어지는 가을이 이별에 걸맞은 계절이라고 말하고 있습니다. 가을은 생명이 스러져 가는 계절이고, 사랑도 생명과 같기에…….

Let Me Grow Lovely
Karle Wilson Baker

Let me grow lovely, growing old–
So many fine things do:
Laces, and ivory, and gold,
And silks need not be new;
And there is healing in old trees,
Old streets a glamour hold;
Why may not I, as well as these,
Grow lovely, growing old–

아름답게 나이 들게 하소서
칼 윌슨 베이커

아름답게 나이 들게 하소서.
수많은 멋진 것들이 그러하듯이.
레이스와 상아와 황금, 그리고 비단도
꼭 새것만이 좋은 것은 아닙니다.
오래된 나무에 치유력이 있고
오래된 거리에 영화가 깃들듯
이들처럼 저도 나이 들어감에 따라
더욱 아름다워질 수 없나요.

칼 윌슨 베이커(1878~1960)
미국의 여류시인이자 작가. 시카고 대학을 졸업한 뒤 몇 년간 고등학교에서 영어를 가르쳤다. 흔한 일상을 소재로 많은 사람이 공감할 수 있는 시들을 많이 썼다.

아름답게 나이 들게 하소서
수많은 멋진 것들이 그러하듯이

'사오정(45세 정년)'을 말하는 때입니다. 젊고 빠르고 강하고, 새로운 것만 추구하는 세상에서 나이 들고 느리고 약한 자들은 점점 발붙일 곳이 없어집니다. 경주의 출발선에서 떠나는 사람들에게는 많은 박수와 환호를 보내면서, 왜 세상은 혼신을 다해 경주를 끝내고 결승선에 다가오는 사람들은 환영하지 않을까요.

청춘은 아름답습니다. 그 팽팽한 피부와 나긋나긋한 몸이, 그 끝없는 희망이, 그 뜨거운 정열이, 그들의 아픈 고뇌조차도 가슴 저리게 아름답습니다. 그런데 정녕 청춘이 아름다운 것은 이제 곧 사라지기 때문입니다. 봄도 그러하지요. 하지만 봄이 지나고 오는 여름, 가을, 겨울…… 어느 계절이든 화려하고 아름답지 않은 계절이 없습니다.

'아름답게' 늙어 간다는 것은 무엇일까요? 되돌릴 수 없는 청춘에 연연하지 않고 지금의 내 계절을 받아들임은 아름답습니다. 육신의 아름다움뿐 아니라 영혼의 아름다움을 볼 줄 아는 눈은 아름답습니다.

해야 할 수많은 '좋은 일' 중에 내가 지금 할 수 있는 일을 택하는 것은 아름답습니다. 그 일이 조금이라도 세상을 치유

할 수 있고 그 일에 내 나머지 열정을 불태울 수 있다면, 그것이 제일 아름답습니다.

12월
December

횡하니 부는 겨울바람 속에
몸보다 마음이 더 춥습니다.
하지만 가슴속 깊이 보석처럼 숨겨 놓은
따뜻한 심장은 절대 포기할 수 없습니다.
사랑이 없는 세상에서 살아남느니
차라리 죽는 것이 낫기 때문입니다.

옳은 것 옳게 하는 당신

Christmas Bells

Henry Wadsworth Longfellow

I heard the bells on Christmas Day
Their old, familiar carols play,
And wild and sweet
The words repeat
Of peace on earth, good–will to men! (……)
And in despair I bowed my head;
'There is no peace on earth,' I said;
'For hate is strong,
And mocks the song
Of peace on earth, good–will to men!'
Then pealed the bells more loud and deep:
'God is not dead; nor doth he sleep!
The Wrong shall fail,
The Right prevail,
With peace on earth, good–will to men!'

크리스마스 종소리

헨리 워즈워스 롱펠로

성탄절에 종소리를 들었다.
귀에 익은 캐럴송들을,
요란하고 달콤하게
노래 가사는 반복된다.
땅에는 평화, 사람들에게는 사랑을!
나는 절망해서 고개를 숙이고
'땅 위에 평화는 없다'고 말했다.
'증오가 너무 강하고
땅에는 평화, 사람들에게는 사랑을!
이런 노래를 조롱할 뿐'
그때 종소리가 더욱 크고 깊게 울렸다.
'신은 죽지도, 잠들지도 않았다!
그릇된 자들은 멸망할 것이며
옳은 자들은 승리할 것이다.
땅의 평화와 사람들의 사랑으로.' (부분)

헨리 워즈워스 롱펠로(1807~1882)
미국 시인. 알기 쉬운 표현과 건전한 인생관이 담긴 시로 대중적 인기를 누렸다. 특히 유럽 여러 나라의 민요를 번안·번역해 미국에 소개한 공적이 크다. 단테의 《신곡》 번역에 붙인 서사시 《신곡》은 그의 최대 걸작으로 평가받고 있다.

성탄입니다. 크리스마스트리가 하늘을 찌를 듯하고 가로수마다 달린 수천만 개의 꼬마전등이 빛의 터널을 이루고, 크리스마스 캐럴과 구세군 종소리가 요란하게 울려 퍼집니다.

'땅에는 평화, 사람들에게는 사랑을!'

휘황찬란한 네온사인 속에서 그리스도인이 아니더라도 축제 분위기에 휩싸입니다.

하지만 그 화려한 기쁨 뒤에는 여전히 증오가 있습니다. 평화 뒤에는 전쟁이 있습니다. 목청껏 캐럴을 부르는 사람들 뒤에는, 구세주의 탄생을 기다리고 축하할 힘조차 없는 사람들이 있습니다. 그래서 우리는 간혹 묻습니다.

"당신은 정말 계십니까?"

그런 우리에게 시인은 이야기합니다.

'신은 죽지도, 잠들지도 않았다. 옳은 자들은 승리할 것이다. 하느님의 평화와 사랑의 힘으로.'

이 세상에서 가장 가난하고 낮은 곳으로 사람 되어 오시는 아기 예수님을 환영하며, 성탄을 축하합니다!

하얀 눈덩이,
알고 보니 오줌싸개

Snow Ball

Shel Silverstein

I made myself a snow ball as perfect as could be
I thought I'd keep it as a pet and let it sleep with me
I made it some pajamas and a pillow for its head
Then, last night it ran away
But first– it wet the bed.

눈덩이

셸 실버스타인

눈덩이 하나를 아주 멋지게 만들었어요.
애완동물로 길들여서 함께 자려고요.
잠옷도 만들고 머리에 베개도 만들어 주었어요.
그런데 어젯밤에 도망갔어요.
하지만 그러기 전에— 침대에 오줌을 쌌네요.

셸 실버스타인(1930~1999)
미국의 아동·성인작가이자 시인, 만화가, 극작가, 작사가, 작곡가. 세계적인 베스트셀러 《아낌없이 주는 나무》의 작가이며, 시적인 문장, 해학과 기지가 담긴 그림으로 전 세계 독자들에게 사랑받고 있다. 1950년대 우리나라와 일본에서 군 복무를 하기도 했다.

어둑어둑 해 질 녘에 파주 쪽으로 드라이브를 하고 있었습니다. 그런데 함께 탔던 네 살짜리 조카 민수가 말했습니다.

"이모, 산들이 피곤해서 엎드려 자고 있나 봐."

문득 창밖을 내다보니 멀리 둘러싸인 산들이 정말 길게 엎드려서 누워 있는 듯 보입니다.

이 시는 어린아이의 시점으로 쓰인 동시입니다. 눈이 녹아서 침대가 젖은 것을 오줌 싼 것으로 생각하여, 눈을 크게 뜨고 재미있게 바라보는 아이의 얼굴이 눈에 선합니다. 무생물에 생명을 투사해 생각할 수 있는 상상력, 상대방에 자신을 이입해서 생각할 수 있는 능력은 바로 어린아이만이 가질 수 있는 능력인지도 모릅니다.

어른이 되면서 점차 상상력보다는 논리와 이성이 앞서고 나는 나, 너는 너의 구별이 뚜렷해집니다. 점점 세상이 재미없어집니다.

눈병이 하나둘 아주 멋지게 만들었어요.
걸들어서 함께 자려고요.

겨울같이 차가운 세상을 살더라도

The Snow Man
Wallace Stevens

One must have a mind of winter
To regard the frost and the boughs
Of the pine-trees crusted with snow;
And have been cold a long time
To behold the junipers shagged with ice,
The spruces rough in the distant glitter
Of the January sun; and not to think
Of any misery in the sound of the wind,
In the sound of a few leaves,
Which is the sound of the land
Full of the same wind
That is blowing in the same bare place. (……)

눈사람

월러스 스티븐스

사람은 겨울 마음 가져야 하네.
서리와 얼음 옷 입은 소나무 가지를
생각하기 위해서는.
그리고 오랫동안 추위에 떨면서
얼음 덮여 가지 늘어진 로뎀나무와
1월의 햇빛 속에 아득히 반짝이는
가문비나무 보기 위해서는.
바람 속, 부대끼는 이파리 소리 속
비참함을 잊기 위해서는.
그것은 육지의 소리
늘 같은 황량한 장소에서
늘 같은 바람만 가득 부는. (부분)

월러스 스티븐스(1879~1955)
미국 시인. 법률을 전공한 뒤 변호사로 활동하면서 왕성한 창작 활동을 겸했다. 감성과 상상력을 중시했으며, 풍부하고 다양한 시어를 사용하였다. 지적이고 통찰력 있는 작품들을 많이 발표했고, 1955년에 퓰리처상을 받았다.

횡하니 부는 겨울바람 속에 불현듯 마음이 스산해집니다. 몸보다 마음이 더 춥습니다. 이렇게 바람 불고 추운 세상을 견뎌 내기 위해서 시인은 우리가 모두 '겨울 마음'을 가진 눈사람이 되어야 한다고 말합니다. 존재의 비참함을 잊기 위해서는 따뜻한 심장도, 열정 어린 가슴도 없이, 무심히 황량한 눈벌판 한구석을 지키는 눈사람이 되어야 한다고 말입니다.

시인은 사랑과 위로가 없는 겨울같이 차가운 세상에서 살아남는 법을 가르칩니다. 하지만 우리가 비참한 것은 눈사람이 될 수 없기 때문입니다. 가슴속 깊이 보석처럼 숨겨 놓은 따뜻한 심장을 절대 포기할 수 없기 때문입니다. 사랑이 없는 세상에서 살아남느니 차라리 죽는 게 낫기 때문입니다.

다시, 봄 December

살아 있는 동안 많은 이들에게 삶의 축복에 대해
감동적인 메시지를 전했던 장영희 교수.
그는 지금 우리 곁에 없지만
그의 글은 여전히 우리의 마음속에 살아서
희망의 메시지를 전하고 있다.

또 하나의 선물

시가 지친 마음
쉬게 할 수 있다면

영시(英詩)란 건 영문학도들이나 읽는 것인 줄 알았는데, 일반 독자들이 그렇게 많았습니까?

"교도소에 있는 재소자나 병원의 환자들이 특히 뜨거운 반응을 보여 주었어요. 신문을 보고 많은 힘을 얻었다, 용기를 얻었다, 그런 말씀들이죠. 제가 아프다 보니 무의식 중에 희망을 노래한 시들을 많이 골랐던 것 같아요."

어려움 속에 있는 사람들에게 시(詩)가 위로를 주는군요.

"시는 마음으로 읽는 시와 머리로 읽는 시로 나눌 수 있어요.

영문학과에서 많이 가르치는 난해한 시들은 분석과 이성으로 암호를 풀이하듯 읽어야 하는 시들이에요. 한국시에서 이상(李箱)의 작품과 같은 것이 머리로 읽는 시예요. 그러나 윤동주(尹東柱)의 시처럼 그냥 읽어도 감동을 느낄 수 있는 시도 있어요. 너무 머리를 많이 쓰는 세상에서, 가끔은 마음을 쓰는 시간을 가져야 하지 않을까요. 시는 뛰어가는 사람에게 잠깐 숨을 돌리게 하는 역할을 합니다."

'영미시산책'에 존 던의 시〈죽음이여 뽐내지 말라(Death, Be not Proud)〉를 소개하면서 딸의 죽음을 겪은 어느 독자의 사연을 전하셨더군요.

"자궁암 말기를 앓는 따님을 둔 한 독자가 제게 이메일을 보냈어요. 항암 치료 때문에 말도 못 하고 필담만 할 수 있던 그 따님이 '신은 재기(再起)를 위해 쓰러뜨린다'는 제 글을 읽고 큰 용기를 얻었다고 하더군요. 저는 따님께 직접 편지를 쓰겠다고 약속했어요. 그러나 편지를 보내기 전에 따님이 돌아가셨어요. 약속을 지키지 못해 죄송했는데, 그 독자가 다시 메일을 보내셨어요. 따님과의 약속 때문에 호스피스 훈련을 받고 있다는 거예요. 그리고 저에게 '옹골차게 마음을 잡고 투병하라'며 격려했어요."

시 〈죽음이여 뽐내지 말라〉는 "짧은 한잠을 깨어나면, 더 이상 죽음은 없다. 죽음이여, 네가 죽으리라"며 죽음을 넘어선 인간의 의지를 표현했는데, 선생님께서는 정말 죽음의 불안이 없습니까?

"암 환자에게 악몽 같은 공포는 암세포가 전이(轉移)되는 거예요. 항암 치료까지 어렵게 다 끝내고 나서 또 전이된 것을 발견하는 환자들을 많이 봤어요. 그러나 저는 아직 죽음을 실감하지 않아요. 저는 죽음을 극복하려고 하지, 제가 죽으면 어떻게 하나라는 것을 생각한 적이 없어요. 매주 수요일 항암치료를 받으러 병원에 가서 2~3시간 기다리다 보면 암 환자가 이렇게 많구나 하고 놀라게 돼요. 다닥다닥 붙은 병상에서 기다리면서 환자들과 사귀어 보니, 신체적으로는 앙상하지만, 다 눈빛이 살아 있어요.

선생님도 전보다 살도 더 찌고, 더 예뻐지셨습니다 (웃음).

"죽음은 우리로 하여금 삶에 한 발자국 더 가까이 가게 합니다. 아프지 않을 때 우리는 생명의 의지와 투지를 다 잊고 기계적으로 살지만, 환자들은 필생의 목적이 있기 때문에 더 적극적이고, 더 밝아요. 병 치료에 대한 정보 하나라도 다른 환자에게 더 알려 주고, 서로 친하게 지내요. 오늘을 더 소중하게 여기는 그 환자들에게는 삶의 향기가 있어요. '그래도 드셔야 돼요'라는 말을 가장 많이 하고, 많이 듣는데, 그게 얼마나 아름다운지 몰라요. 저도 항암치료를 받기 위해 엄청 많이 먹고 있어요. 백혈구 지수가 나오도록 단백질을 많이 섭취해야 하니까 많이 먹었어요. 7kg이나 쪘는걸요. (수줍게 웃으면서) 저 완전히 찐빵이에요."

항암 치료를 받을 때 어떤 생각으로 버텼습니까?

"단단히 맘먹고 치료를 받으러 갔는데 백혈구 지수가 낮게 나오는 경우가 더 많았어요. 그럼 그냥 집으로 돌아가는데, 마치 입시에 실패한 학생처럼 풀이 죽어요. 그러면 주위에서 왜 많이 먹지 않았냐고 질타하죠. 하루에 고기 한 근씩 먹으라고 하는데, 도저히 그렇게는 먹지 못해요. 백혈구 주사를 맞고 나면 금방 피곤을 느껴요. 제가 기동력은 없지만 옛날에는 굉장히 활동적이었는데, 요즘에는 맥을 못 춥니다. 피곤이란 것이 쉬라는 몸의 신호인데, 과거에 저는 둔감했던 모양이에요."

시를 고를 때 어떤 마음으로 골랐습니까. 독자들이 특별히 더 좋아하는 시가 있습니까?

"시는 문학의 한 형태이고, 문학은 사랑이라고 생각해요. 저는 개인적으로 연시(戀詩)를 좋아하고 지금 우리에게 필요한 것도 사랑이라고 봐요. 요즘 누구나 힘든 시대니까 손톱만큼이라도 독자들에게 위로가 되기를 바랐어요. '어떻게 사랑하며 살아가는가'라는 것이 문학의 궁극적 목적이잖아요. 에밀리 디킨슨의 〈희망은 한 마리 새〉, 새러 티즈데일의 〈연금술〉, 윌리엄 블레이크의 〈순수를 꿈꾸며〉에 특히 많은 분들이 편지를 보내 주었어요."

―
이 인터뷰는 2005년 5월 27일자 조선일보에 게재된 박해현 기자의 인터뷰 기사를 발췌, 정리한 것입니다.

1판 1쇄 발행 2014년 4월 30일
1판 6쇄 발행 2025년 6월 13일

지은이 장영희
그린이 김점선
펴낸이 김성구

콘텐츠본부 고혁 양지하 김초록 이은주 류다경 이영민
마케팅부 송영우 김지희 강소희
제작 어찬
관리 안웅기 이종관 홍성준

펴낸곳 ㈜샘터사
등 록 2001년 10월 15일 제1-2923호
주 소 서울시 종로구 창경궁로35길 26 2층 (03076)
전 화 1877-8941 **팩 스** 02-3672-1873
이메일 book@isamtoh.com **홈페이지** www.isamtoh.com

ⓒ 글 장영희, 그림 김점선, 2014, Printed in Korea.

이 책은 저작권법에 따라 보호를 받는 저작물이므로 무단 전재와 복제를 금지하며,
이 책의 내용의 전부 또는 일부를 이용하려면 반드시 저작권자와 ㈜샘터사의 서면 동의를 받아야 합니다.

ISBN 978-89-464-1869-1 03810

값은 뒤표지에 있습니다.
잘못 만들어진 책은 구입처에서 교환해 드립니다.

이 책에 실린 글들은 《생일》과 《축복》(비채 펴냄), 《이 아침 축복처럼 꽃비가》 중에서
계절별 시들을 선별하여 엮은 것입니다.